MEMOIRE JUSTIFICATIF

POUR LE CITOYEN FRANÇOIS

A-P. MONTESQUIOU,

Ci-devant GÉNÉRAL de l'armée des Alpes.

Précédé & suivi de Piéces importantes.

Novembre 1792, l'an 4ᵉ de la liberté.

LETTRE

De Mr. MONTESQUIOU;

Général de l'armée des Alpes,

AU

PRÉSIDENT DE LA CONVENTION NATIONALE.

CITOYEN PRÉSIDENT,

LE plus remarquable & le plus beau fans doute J des droits folemnellement proclamés par la Nation Françoife, eft le droit de réfifter à l'oppreffion. Son ufage fuppofe feulement quelque proportion entre les forces ; mais lorfque cette proportion n'exifte pas, il eft un autre droit plus inconteftable encore & tout auffi facré, c'eft celui de fuir l'oppreffion, à laquelle on ne fauroit réfifter. Voilà le droit que j'ai exercé, & je ne devois pas m'attendre à me voir réduit à la néceffité d'y recourir.

A 2

Lorſque ſur des calomnies, ſans aucune preuve, ſans corps d'accuſation, même ſans faits articulés, ma deſtitution fut demandée le 23 Septembre par M. Tallien, ſollicitée par M. Danton, jugée néceſſaire par M. Chabot, & décrétée à l'unanimité par la Convention Nationale; j'y répondois au même inſtant par la conquête de la Savoye, par les bénédictions des peuples, par l'exemple unique dans l'hiſtoire, d'une modération ſi propre à faire chérir le nom François par tous les amis de l'humanité. J'étois bien ſûr, au moment où je fus inſtruit du décret de deſtitution, qu'il ne ſubſiſteroit pas; mais je ſentis que ceux qui l'avoient provoqué ne me pardonneroient jamais leur mépriſe. J'eus l'honneur de ſolliciter auprès de la Convention Nationale ma deſtitution volontaire; je ne demandois pour prix de mes ſervices, que le droit de vivre ſur le territoire François, d'y vivre tranquille, loin de toute affaire & de toute ambition; pourquoi cette grace me fut-elle refuſée? Elle eut rempli tous mes vœux.

Depuis cette époque une miſſion nouvelle m'a été confiée; le Conſeil Exécutif m'a chargé de marcher à Geneve, de demander la ſortie des troupes Suiſſes qui y avoient été appelées, d'employer la force ſi elle devenoit néceſſaire, mais de ne l'employer que ſi les moyens de conciliation étoient inutiles: un Décret de la Convention Nationale, du 17 Octobre, conſacra ces diſpoſitions, en ordonnant expreſſément de reſpecter la neutralité de Geneve, ſi la ſortie des Suiſſes s'opéroit d'une maniere amicale. Telles ont été mes inſtructions; &

je dois le dire à la louange du Miniſtre des affaires étrangères, ſa doctrine dans toute cette affaire a toujours été celle d'un homme d'honneur, & les réſultats du Conſeil Exécutif qui m'ont été tranſmis, ont toujours été conformes à ſes principes.

Mais il exiſte dans ce même Conſeil un homme qui, affamé de vengeances perſonnelles contre Geneve, a eu l'audace de croire que je conſentirois à en être le miniſtre, & qui n'ayant pu faire de moi l'inſtrument de ſes fureurs, m'a dévoué pour en être la victime.

Cet homme exilé de ſon pays en 1782, rappelé en 1790, répondoit à ceux de ſes compatriotes qui l'invitoient alors à retourner dans ſa patrie, qu'*il n'y rentreroit jamais qu'une torche à la main*; & ce vœu ſacrilége, il s'eſt cru au moment de le voir exaucé.

Dans les tranſports de ſa joie indiſcrète, au premier inſtant de l'invaſion des Etats du Roi de Sardaigne, il écrivoit à un Genevois, & le chargeoit d'annoncer à ſes concitoyens, que j'aurois ordre de me préſenter à leurs portes, & qu'il n'y auroit de ſalut pour eux que dans leur ſoumiſſion.

C'eſt uniquement à cette lâche impoſture de M. Claviere, impoſture qu'il n'a pas craint d'avouer & de confirmer dans une lettre toute entiere de ſa main, que l'on doit attribuer les juſtes alarmes des Genevois. Qu'on ne s'y trompe donc plus, ce n'étoit pas contre la France, ce n'étoit point pour ſoutenir l'ariſtocratie des Magiſtrats, bien moins encore pour ſe coaliſer avec la ligue des Rois, que les Conſeils de Geneve avoient

invoqué des troupes Suiffes ; c'étoit uniquement pour
fe garantir de l'effet fubit des menaces de M. Claviere ;
& c'eft ainfi qu'il les entraina dans un double piége,
les menaçant d'abord d'une invafion, pour les engager
à appeler une garnifon Suiffe, & fe fervant enfuite de
cet appel pour faire marcher une armée Françoife contre Geneve. S'il n'a point réuffi à affocier le Général de
cette armée à fes projets finiftres, c'eft qu'il eut l'impru-
dence de les lui dévoiler dans une lettre atroce, qu'il
m'écrivoit avant même de connoître cet appel des Suiffes ; lettre dans laquelle il me découvroit le fecret honteux de fon ame.

Je ne penfai point, je l'avoue, que la Nation Françoife
dût époufer les haines d'un particulier ; je mis entiére-
ment de côté la politique perfonnelle de M. Claviere,
& je ne diffimulai point au Miniftre avec qui mon devoir
me faifoit correfpondre, les vœux que je formois pour
que la violence ne déshonorât point le premier ufage,
que la France libre alloit faire de fa force, contre le plus
foible de fes voifins. Bientôt le Confeil Exécutif partagea
ouvertement ces vœux ; bientôt la Convention Nationale
confacra par un Décret les principes de juftice dont je
m'étois déclaré l'apôtre ; mais bientôt auffi j'acquis des
preuves multipliées que M. Claviere me croifoit avec
activité dans l'exécution des ordres de paix que m'adref-
foient fes Collégues.

Il ne me refte plus qu'une maniere de fervir ma patrie ;
c'eft de l'éclairer fur l'horrible abus qu'un fcélérat a fai
de fa confiance : Citoyen Préfident, je vous le dénonce

comme un Miniftre à qui tous les moyens font indifférens. Profondément hypocrite, mais heureufement encore plus inconfidéré ; fa correfpondance que je publierois à l'inftant même, fans les rapports qu'elle a néceffairement encore avec les fecrets de l'Etat, fa correfpondance eft un monument exécrable de haine, tantôt indifcrète, tantôt cachée ; mais toujours agiffante: elle peint à chaque ligne l'ame d'un brigand ; elle porte à la fois le cachet de l'infolence, de la lâcheté, de la fourberié, & fur-tout celui de la plus étonnante inconféquence.

Vous y verriez d'abord tout ce qu'il a remué de refforts pour engager la querelle avec Geneve ; qu'enfuite lorfqu'il l'a jugée interminable, il a fait femblant de s'attendrir fur le fort de fon infortunée patrie, & de me demander grace pour elle ; qu'enfin lorfque j'ai fait renaître la paix fous le fceau de la confiance, il n'a pu contenir fa rage, il n'en a plus diffimulé les tranfports.

Vous y verriez que tour à tour, il m'a propofé de détruire Geneve & de m'en emparer, d'en careffer les habitans, *de les raffurer fur leur indépendance dont ils font*, me difoit - il, *très - jaloux ;* puis *d'y mettre garnifon Françoife ;* puis de me borner à en faire fortir les Suiffes, (ce qui ne pouvoit s'obtenir qu'en prenant l'engagement facré de n'y jamais faire entrer de François,) & enfuite *d'y exciter* quelqu'agitation intérieure *pour les y faire appeler & introduire fans avoir recours à aucune hoftilité.* Tantôt il m'écrit *que la poffeffion de Geneve lui paroiffoit abfolument néceffaire pour affermir la révolution Savoisienne* ; tantôt *qu'il seroit affreux de voir les François libres aux prises avec les peres de la liberté.* Dans une lettre, il provoque les moyens violens ; dans une autre il recherche ceux de féduction : *ce font des fêtes qu'il m'invite de donner à Verfoix aux habitans de Geneve & du pays de Vaud ; il me promet au nom du Confeil tout l'argent qu'il faudroit pour ce genre de guerre & pour cette maniere de les municipalifer, qui,* dit-il, *en vaut bien une autre.* Un jour il me follicite de ménager les capitaliftes Bernois & Genevois, pour en obtenir un emprunt dont il m'affure que la France a le plus urgent befoin : le lendemain, lorfqu'il apprend que ma loyauté a obtenu leur confiance & leur eftime, il m'écrit avec aigreur, *que les imbécilles, malgré toutes leurs belles apparences, ne valoient pas qu'un efprit éclairé s'occupât d'eux, fi ce n'eft pour les humilier.* Je cherchois à lui faire fentir combien l'emploi des moyens violens contre Geneve répugnoit à tous les principes du droit des gens, & étoit indigne du caractere généreux que venoit de déployer la Nation Françoife. Il me répondoit que *fa ferveur pour moi redoubleroit, lorfque je lui apprendrois que fes compatriotes étoient fauvés ;* & enfin lorfque je lui appris qu'ils l'étoient, il m'annonça (ce font fes dernieres paroles) *que fi je ne me mettois pas à l'ordre du jour, tous mes talens feroient perdus, & que mon exiftence ne feroit femée que de défagrémens.*

Mais je n'ai rien dit encore, en ne vous parlant que

de ce qu'il m'écrivoit ; il n'eſt preſque pas une déciſion du Conſeil qui, au moment où elle m'étoit tranſmiſe par le Miniſtre des affaires étrangeres, ne fut déjouée par quelque lettre ſecrète de M. Claviere, & ces lettres prétendues ſecrètes, paſſoient bientôt de main en main, puiſqu'elles ſont parvenues juſques dans les miennes : j'y ai vu qu'il tentoit d'empêcher les Genevois de renoncer à la réſerve du traité de 1584, dont M. le Brun exigeoit le retranchement. Sans doute il nourriſſoit l'eſpérance que leur refus rameneroit le Conſeil Exécutif aux meſures violentes, qu'il n'avoit encore pu lui faire adopter ; & c'eſt en paroiſſant s'intéreſſer à ſa patrie, que cet homme aſtucieux laiſſoit entrevoir à ſes compatriotes, qu'un tel ſacrifice n'étoit pas indiſpenſable, & que le refus ſeroit ſans aucun riſque.

Ses manœuvres pour me croiſer dans ma négociation avec le Corps Helvétique, n'ont pas été moins criminelles, & j'en ai également eu la preuve : tandis qu'il m'annonçoit que c'étoit à lui que je devois ce nouvel honneur, tandis qu'il me conjuroit de m'aſſurer de la neutralité de l'Helvétie, informé qu'il étoit, que ma réputation m'y avoit précédé, & que j'avois obtenu la confiance des Suiſſes, avant même que je fuſſe appelé à leur en demander ce premier témoignage, il travailla ſous main à me l'enlever ; il ſe hâta de mander à Geneve & par contre-coup en Suiſſe, contre toute vérité, que j'étois chargé d'obtenir, non pas ſeulement l'inviolabilité de la neutralité Helvétique, mais ſa rupture contre les ennemis de la France.

Dans la négociation avec Geneve, plusieurs mémoires m'ont été fournis par lui, & je devois les croire propres à me guider. Tous, ils étoient faits pour me compromettre, par la fausseté des citations & par les piéges dans lesquels il cherchoit à envelopper ma bonne foi. N'a-t-il pas trompé depuis M. le Brun lui-même, lorsque sur sa parole il a donné à M. Genets des instructions qui sembleroient dictées par la plus honteuse ignorance, si Geneve n'en avoit pas été l'objet, & si M. Claviere n'étoit pas Ministre !

On croiroit peut-être qu'aigri par le malheur, je parle aujourd'hui le langage de la passion, & l'on pourroit me reprocher d'avoir gardé le silence, alors que la vérité pouvoit être utile, & que j'avois encore le droit de me faire écouter. Loin de moi ce reproche : tant que j'ai vu le Conseil suivre une marche franche & loyale ; tant que les lettres de M. le Brun m'ont donné des témoignages d'approbation & de confiance, j'ai dû croire que M. Claviere étoit connu de ses Collégues. Dès que son influence ne me paroissoit plus dangereuse, pourquoi aurois-je révélé ses turpitudes ? Mais lorsque je reconnus mon erreur, lorsque je vis que l'ennemi ne s'étoit caché que pour se rendre plus redoutable, j'écrivis le 2 Novembre une lettre particuliere à M. le Brun, pour l'avertir de ce que j'appelois encore les imprudences & les indiscrétions de M. Claviere : mais à l'arrivée de M. Genets, à la vue des instructions dont il étoit porteur, je ne pus contenir ma juste indignation ; j'écrivis à M. Vergniaux, que je connois peu, mais que j'estime. Avec moins de détails que je viens de vous en faire , je lui faisois cependant connoître la vérité ; je lui en disois affez pour qu'il put apprécier les vues du Machiavélifte, leur oppofition aux vrais intérêts & à la gloire de ma patrie, & qu'il put juger les principes qui m'avoient guidés. J'envoyai copie de ma lettre au Miniftre de la juftice , dont j'ai été le Collègue , & que j'ai toujours regardé comme un Citoyen vertueux ; je joins ici copie de cette même lettre , pour vous prouver que ma façon de penfer ne tient point aux circonftances où je fuis : mais le jour où ces dénonciations infpirées par le defir d'empêcher une grande injuftice , partoient pour Paris , ce jour - là même , le lâche ennemi qui vouloit prévenir mes pourfuites , & qui fans doute me jugeoit capable de les pouffer auffi loin que l'honneur de mon pays & le mien l'exigeroient , avoit trouvé le fecret de me faire dénoncer à la Convention Nationale fous un prétexte abfurde ; & dès le lendemain de me reprendre , environné de toute la défaveur d'une accufation honteufe , pour m'imprimer plus facilement le fceau de l'indignation nationale.

Dans le même tems , les papiers publics parurent inondés des mêmes reproches , dont la derniere lettre de M. Claviere étoit l'original ou la copie : mille agitateurs difperfés dans les divers cantonneméns de l'armée y répandoient avec profufion ces infâmes pamphlets ; ils crioient hautement à la trahifon , & cherchoient à perfuader aux foldats que j'avois fait racheter pour mon propre compte le pillage de Geneve qui leur appartenoit: enfin, la haine fi féconde en calomnies me pourfuivoit à la fois aux environs de Geneve & dans ma patrie; elle s'agitoit en tout fens, & fon étonnante activité me prouvoit affez que M. Claviere en fécouoit les flambeaux: je n'oppofois à toutes ces déclamations que le calme de l'innocence & la fermeté de mes principes.

Le 10 Novembre, on reçut à Geneve, une lettre d'un des affidés de M. Claviere ; il mandoit de Paris, qu'il avoit la promeffe de ma deftitution : l'avis m'en fut donné; il ne m'étonna pas, j'avois bien été deftitué déjà le 23 Septembre ; je méritois tout autant de l'être le 10 Novembre ; je ne le redoutois pas davantage ; mais les deux jours fuivans s'étant écoulés fans qu'il m'arrivât la moindre nouvelle, je pus croire que cette fois du moins, l'intrigue avoit échoué.

Le 13 au matin, avant le jour, on vint me dire qu'un homme faifoit des inftances pour me parler; je le fis entrer dans ma chambre. Attaché à mon fort par la feule impreffion que ma conduite lui avoit faite, & par cette eftime qui confole les bons de la haine des méchans, cet homme avoit réuffi à dévancer le courier parti avec l'ordre de ma deftitution. Il m'affura que je n'avois pas plus d'une heure pour échapper aux ordres dont j'étois menacé: quoique je cruffe M. Claviere capable de tout, en recherchant les divers prétextes que la malveillance avoit pu faifir, je n'en voyois aucun qui pût donner lieu à des violences: je pris le parti d'attendre. Deftitué, ma réfignation n'avoit pas même le mérite d'un facrifice. Mandé à la Barre, j'obéiffois avec confiance; mais fi je devois être faifi comme un vil crimi-

nel, l'affaffinat alors, avoit de trop grandes convenan-
ces; je réfolus de m'y fouftraire.

Un heureux hazard acheva de lever mes doutes.
Entre huit & neuf heures, je vis entrer dans ma cour
une voiture en pofte; j'en vis defcendre deux hommes
qui m'étoient inconnus, ils difparurent auffi-tôt; je fus
qu'ils avoient demandé l'Officier-Général qui comman-
doit après moi; qu'ils étoient chez cet Officier-Général,
M. d'Ornac, & que déjà des ordonnances étoient parties : il ne fut pas poffible alors de me diffimuler que
l'on étoit réfolu de fe faifir de ma perfonne; je ne déli-
bérai plus un feul inftant, je montai à cheval, j'arrivai
à Geneve un quart d'heure avant que l'ordre de m'arrê-
ter fut parvenu à nos premiers poftes; je pris le prétexte d'une vifite de cantonnement fur les bords du lac
pour obtenir un bateau, & au bout de deux heures, je
fûs à l'abri des recherches.

Je ne fais que traverfer la terre hofpitaliere d'où je
vous écris. Dans quelque lieu que je me retire, je ne
cefferai de faire des vœux pour mon pays; jamais je
n'aurai de rapports, ni directs ni indirects, avec fes
ennemis. J'en trouverai moi-même par-tout où la révolution Françoife eft haïe; mais par-tout où la vertu
malheureufe eft perfécutée a des amis, je trouverai des
confolateurs. Je fais quels noms odieux me feront pro-
digués par ceux dont j'ai trompé la rage; mais devois-je
me laiffer traîner captif chez un peuple égaré, qui peut-
être ne fe fouvient déjà plus que mon nom étoit mêlé
nagueres à fes premiers chants de victoire! devois-je

m'y laiffer traîner captif alors que l'accufation & l'affaffinat dérivent encore immédiatement l'un de l'autre !
devois-je y comparoître devant l'homme qui de Miniftre
de la juftice eft devenu Législateur tranquille, après
s'être vanté à la Tribune d'avoir apofté un affaffin près
de moi, & de lui avoir donné fes ordres !

Tant que la liberté de fe défendre & la certitude
d'être entendu & légalement jugé, ne feront pas l'inviolable propriété des accufés, daignez pour votre propre gloire, prendre les plus grandes précautions pour
que l'art de provoquer par intrigue des Décrets d'accufation, ne devienne pas entre les mains d'un Miniftre pervers, un fupplément terrible aux lettres de
cachet; daignez fur-tout ne pas confondre celui qui
peut-être, vous épargne un crime involontaire, avec
ceux qui ont mérité la jufte févérité des loix. Je vous
l'ai déjà dit, mandé à la Barre de la Convention Nationale pour lui rendre compte de ma conduite & même
de ma vie entiere, je m'y ferois rendu fans héfiter. Je
n'avois rien à craindre & rien à cacher; mais toujours
prêt à braver la mort en fervant ma patrie, je la veux
du moins honorable, & je ne la recevrai pas de ceux
qui ont converti les afiles de la loi en boucheries d'hommes, & qui, ordonnateurs & exécuteurs, infultent à
leurs victimes & couvrent leurs forfaits, du nom facré
d'un peuple, qui en eft innocent & qui les détefte.

Je m'attends à leurs rugiffemens, lorfqu'ils appren-
dront qu'une nouvelle proye leur eft echappée; puif-
fent leurs fureurs être à vos yeux un préjugé en faveur

de mon innocence, comme elle le fera à ceux de la poftérité ! Profcrit de ma patrie pour prix des plus fideles fervices, s'il m'étoit poffible de goûter encore quelque confolation , j'aurois du moins celle d'avoir joui de la reconnoiffance du peuple dont j'ai brifé les fers , d'emporter l'eftime de ceux avec lefquels j'ai négocié, & je ferois en droit de compter pour quelque chofe encore , l'avantage de pouvoir m'honorer du nom de mes ennemis.

A-P. MONTESQUIOU.

MÉMOIRE JUSTIFICATIF

DU GÉNÉRAL MONTESQUIOU,

En réponfe au rapport de M. ROVERE *, fait à la Convention Nationale le* 9 *Nov.* 1792.

J'IGNOROIS le nom de mes accufateurs & les motifs précis de l'acte de rigueur décerné contre moi, lorfque j'écrivis au Préfident de la Convention Nationale, la Lettre que l'on vient de lire. Le Moniteur du onze, m'apprend enfin quel eft l'affemblage de griefs accumulés contre moi, dans un rapport fait par M. Rovere, au nom des trois Comités diplomatique, de la guerre & de fûreté générale. Il m'eft impoffible de comprendre où le Rapporteur a puifé l'étonnant amas d'impoftures, fur lefquelles il a établi la bafe de fes conclufions. Il n'y a pas un feul fait dans ce rapport qui ne pût être démenti par vingt piéces originales. Il n'y a pas une affertion à l'appui de laquelle il fut poffible d'adminiftrer la moindre preuve : feroit-il donc téméraire à moi de demander à M. Rovere où font les matériaux de fon inconcevable ouvrage ? Les Comités au nom de qui fon rapport a paru, fouffriront-ils que l'autorité de leur témoignage, confacre le menfonge fur la foi feule d'un rapporteur infidéle ? On ne refufera pas du moins à un accufé, que dis-je, à un condamné, l'ufage du premier des droits naturels, celui de défendre fon honneur, & de faire entendre la vérité. Forcé d'entrer dans le détail de tous les chefs d'accufation inventés contre moi, forcé de donner la preuve matérielle de chaque menfonge de M. Rovere, j'interpelle fur chaque fait, ces Miniftres détenteurs des piéces originales que je cite, la bonne foi des Comités dont l'affentiment a du moins été fuppofé, puifque ce rapport a été fait en leur nom, & la juftice de la Convention Nationale, qui impudemment trompée, ne peut perfifter dans un jugement où fa Religion a été évidemment furprife.

Premier grief du Rapporteur.

Montefquiou a quitté fon armée comme La Fayette ; il a fait des pétitions, il a exagéré les forces du Roi de Sardaigne.

II

Il eſt faux que j'aie quitté mon armée comme La Fayette. Les faits, les circonſtances, les motifs qui ont déterminé le ſeul voyage que j'aie fait à Paris, tout eſt différent.

Au mois de Juillet dernier, vingt Bataillons ſeulement, couvroient Lyon & Grenoble : le reſte de l'armée du Midi étoit diſtribué ſur le Var, réparti dans les places des hautes & baſſes Alpes, ou employé à la pourſuite du rebelle du Saillant. Le Miniſtre Lajard me demanda ces vingt Bataillons pour renforcer l'armée du Rhin : je crus devoir repréſenter l'imminent danger d'un mouvement qui ouvroit le cœur du Royaume aux ennemis, & qui leur laiſſoit la faculté de marcher ſur Lyon ſans trouver la moindre réſiſtance. On n'eut aucun égard à mes repréſentations ; les plus juſtes alarmes ſe répandirent dans le Midi, elles provoquèrent des adreſſes, des Départemens de l'Iſere, de la Drome, du Gard, de l'Herault, de Rhône & Loire, &c. Pour toute réponſe, les ordres de marcher furent adreſſés aux troupes : je crus alors devoir aux Citoyens dont la défenſe m'avoit été confiée, l'eſſai d'un dernier effort pour obtenir ce qu'ils avoient inutilement demandé : je courus à Paris, je démontrai juſques à l'évidence, le danger auquel la France méridionale alloit être expoſée ; les Miniſtres, les Comités, l'Aſſemblée elle-même furent frappés de mes raiſons ; on renonça au départ des vingt Bataillons ; les ordres furent retirés, & je retournai à mon poſte.

Lorſque je me ſuis préſenté à l'Aſſemblée Nationale au mois de Juillet dernier, je n'ai fait qu'obéir à un

Décret exprès qui m'y mandoit ; je n'y ai fait aucune pétition, je lui fis feulement hommage d'un nouveau moyen que j'avois imaginé pour oppofer promptement à nos nombreux ennemis, des forces fupérieures aux leurs : l'Affemblée Législative daigna m'écouter avec bonté & accueillir ma propofition.

Comment le Rapporteur peut-il foutenir que j'aie exagéré les forces du Roi de Sardaigne ? J'ai dit à l'Affemblée Législative que les troupes de ce Prince répandues depuis le lac de Genève jufqu'au rivage de la Méditerranée, montoient à 50000 hommes ; j'ai dit que dix mille Autrichiens arrivés dans le Milanois , pourroient s'y joindre d'un moment à l'autre , que même le bruit commun du pays annonçoit leur prochaine arrivée en Piémont, & qu'ainfi nos moyens de défenfe, devoient être proportionnés aux moyens d'attaque d'une armée de foixante mille hommes : celui qui m'accufe d'exagération, n'a cependant rien contefté au Général Anfelme, lorfqu'il a mandé que le Comté de Nice renfermoit huit mille hommes de troupes réglées, & douze mille hommes de milice. On prétend , fur la foi de M. Duchillau, qui, ajouta le Rapporteur , eft le premier émigré qui ait dit la vérite ; on prétend que le Roi de Sardaigne n'avoit que onze mille hommes de troupes ; nous venons cependant fur la foi du Général Anfelme, d'en compter vingt mille dans le Comté de Nice ; chacun fait que le Piémont eft entouré de fortereffes toujours occupées par de nombreufes garnifons. Turin fans doute, n'étoit pas dégarni de troupes, un camp commandé par le Duc

d'Aoſte, étoit raſſemblé à Saluces : enfin l'on m'accor-
dera du moins qu'il exiſtoit quelques troupes en Savoye.
J'ai envoyé au Miniſtre de la Guerre l'état nominatif des
Régimens , qui dans leur retraite ont traverſé les Bau-
ges ; cet état ſeul montoit à onze mille hommes , &
dans ce nombre n'étoient compriſes , ni la majeure partie des troupes du Chablais , ni celles de Montmélian ,
des Marches , de Myan , de St Jean de Maurienne , &
de la Tarantaiſe. J'ai toujours dit que le Roi de Sardaigne avoit environ dix-huit mille hommes en Savoye ,
à-peu-près autant dans le Piémont , & le reſte dans le
Comté de Nice. Ce que j'ai dit , je le répète encore ,
& trop de témoins peuvent atteſter cette vérité , pour
que j'en craigne l'examen ; d'ailleurs l'état militaire du
Roi de Sardaigne eſt connu de tout le monde ; il eſt
imprimé , & après mon entrée à Chambéry , j'en ai envoyé au Miniſtre le tableau original , trouvé dans les
papiers de l'adminiſtration. Enfin , quand bien même
j'aurois été trompé par les rapports qui m'ont été faits,
rapports très multipliés , & qui par leur ſimilitude & par
leur authenticité m'ont paru dignes de foi , quel crime
aurois-je commis , en tranſmettant des avis que je rece-
vois & qui pouvoient intéreſſer la choſe publique ?

Ma réticence, avec plus de raiſon eut dû paroître
coupable , & mon erreur même ne pouvant m'être im-
putée, n'eut pu être traveſtie en crime que par la plus
affreuſe malveillance. Au mois de Juillet dernier, M.
Dubois de Crancé, alors membre de mon Etat-major,
partageoit mon indignation ſur l'enlévement des vingt

Bataillons. Il fit imprimer une adreffe au nom de ce même Etat-major, qu'il n'accabloit pas alors de fes ana-thêmes. Dans cette adreffe il dénonçoit la perfidie des Miniftres qui dégarniffoient la frontiere du Midi, tandis que le Roi de Sardaigne la menaçoit avec une armée de foixante mille hommes. M. Dubois de Crancé étoit donc auffi un impofteur. Ah ! fans doute, il ne méritoit pas alors la confiance que depuis il a fi bien reconquife ! A l'époque dont je parle, on pouvoit croire qu'il me connoiffoit ; depuis deux mois il vivoit à - peu - près fous le même toit que moi, ma maifon étoit la fienne ; & dans cette adreffe à l'Affemblée Nationale que j'ofe lui rappeler, pour qu'à l'avenir il fe fie un peu moins à fon jugement, je trouve cette phrafe, que fans doute il s'eft reprochée bien des fois depuis. " Le Général, „ difoit-il en parlant de moi, le Général, qui toujours „ étranger à toutes les intrigues, n'embraffa jamais qu'un „ feul parti, celui de la Loi & de l'utilité publique. " M. Dubois de Crancé partit alors pour le Var ; je ne l'ai jamais revu depuis, que Commiffaire de la Convention Nationale, accourant pour me deftituer : il me femble que les abfens & les opprimés ont tort avec lui.

Second grief du Rapporteur.

L'Affemblée Législative lui a accordé le droit de réquifition... il a licencié les amis de la liberté, tandis que le canon d'alarme rétentiffoit encore à Paris.

L'Affemblée Législative en accordant aux Généraux par fon Décret du 24 Juillet, le droit de requérir la moitié des Grenadiers & Chaffeurs des Gardes nationales, a fixé dans le Décret même, les départemens où le Général de chaque armée pourroit exercer ce droit. Le Décret ne laiffe point les Généraux, maîtres de requérir pour d'autres armées que pour la leur. C'étoit à eux à mefurer leur demande fur l'étendue & fur la durée de leurs befoins. Voilà ce que j'ai fait ; j'ai jugé une augmentation de fix mille hommes, fuffifante pour l'expédition de Savoye, j'y ai borné ma réquifition. Lorfque la Savoye a été fi rapidement évacuée, j'ai rendu à leurs travaux, les braves Citoyens qui avoient tout quitté pour fervir leur Patrie, & qui n'avoient été demandés que pour un fervice paffager : je me fuis donc conformé à ce que me prefcrivoient & le bien public & la Loi. Ceux qui me blâment, n'ont pas lu fans doute, le Décret du 24 Juillet. Ils n'en ont pas du moins faifi l'efprit, qui ne fut jamais d'exiger un fervice permanent, femblable à celui des autres Bataillons de Volontaires, de ces Citoyens pères de familles pour la plupart, qui fe dévouoient pour l'inftant du péril, & qui, cet inftant paffé, avoient bien acquis le droit de rentrer honorablement dans leurs foyers.

Troifieme grief du Rapporteur.

On lui a demandé des renforts pour l'armée des Ardennes, & il laiffoit

dans l'inaction les bataillons de Nif-
mes, d'Avignon, d'Arles, & refufoit
des détachémens pour le camp de
Châlons.

Il n'y a pas dans ce paffage un feul mot qui ne foit
une fauffeté ; on ne m'a demandé qu'une feule fois dix
bataillons de mon armée, au commencement de Septembre ; ils font partis en trois jours de tems. J'ai plus
fait, j'ai demandé moi-même que l'on envoyât fur le
Rhin les bataillons nouveaux de volontaires, dont le
raffemblement avoit été ordonné à Valence, & ils y ont
marché pour la plupart. J'y ai fait paffer fans qu'on me
le demandât, fans même en avoir exactement le droit,
trois bataillons de grenadiers formés à Lyon. Jamais on
ne m'a demandé un feul détachement pour le camp de
Châlons ; & lorfqu'après la conquête de la Savoye, j'ai
jugé des bataillons de grenadiers inutiles à mon armée,
j'ai propofé à M. Servan d'en faire marcher aux armées
du Nord ; j'ai même, en attendant fa réponfe, fait partir pour Dijon les grenadiers de l'Ardeche qui étoient
à Vienne. Le Miniftre m'a mandé qu'il n'en avoit pas
befoin, & il a envoyé à ce bataillon l'ordre de rétro-
grader. J'ai reçu du moins la lettre qui m'inftruit de
cette difpofition, on la trouvera dans les papiers de
ma correfpondance, elle eft du commencement d'Octobre.

Quatrieme grief du Rapporteur.

On lui reproche d'avoir éloigné de lui les Officiers patriotes, & de s'être entouré pour son Etat-Major, d'Officiers perdus dans l'opinion des bons Citoyens.

Je demande que l'on me cite un seul Officier patriote que j'aie éloigné, & que l'on me nomme enfin, un seul de ces Officiers pervers dont je me suis entouré. Je dois dire d'abord, que je n'ai fait aucune nomination ; j'ai reçu tous ceux que les Ministres m'ont envoyé, & j'atteste, qu'aucun d'eux ne mérite les imputations banales que la malveillance n'imagine, que pour me forger des torts que je n'ai pas. L'Etat-Major de l'armée que je viens de quitter est bon, il est patriote & sage, & je ne m'en attribue pas l'honneur, car j'ai influé sur bien peu de choix. Je pense qu'il seroit à désirer que les Généraux fussent à cet égard un peu moins dominés qu'ils ne le sont par les Ministres, & que les places de l'Etat-Major ne fussent pas des places de faveur. Mais il seroit trop absurde & sur-tout trop barbare, de ne pas laisser le choix aux Généraux, & cependant de les rendre responsables de ces mêmes choix. Au reste, je ne serois point effrayé de cette responsabilité pour l'Etat-Major sur lequel on cherche à m'impliquer.

Cinquieme grief du Rapporteur.

Il a favorifé par fes temporifations au Roi de Sardaigne le tems de faire monter fon artillerie, & a laiffé écouler dans l'inaction la faifon la plus propre aux opérations militaires. La menace d'un décret de deftitution eft le feul mobile qui l'ait enfin déterminé à s'émouvoir & à entrer en Savoye ; il n'y eft entré que le 23 Septembre, au lieu du 15 Août,

Il eft bien étrange qu'au nom du Confeil Exécutif, perfonne n'ait reftitué la vérité des faits qu'affurément le Confeil n'ignore pas, & que le Rapporteur a fi étrangement défigurée.

Je ne releverai pas ce qu'il dit de l'artillerie du Roi de Sardaigne, dont il parle comme de ces machines que l'on démonte, & que l'on ne remonte que dans certaines occafions, comme fi des canons une fois fur leurs affuts n'y demeuroient pas, ou comme fi c'étoit une longue opération que de les y replacer quand on les en a ôtés. Cet article ne mérite pas une réponfe férieufe ; mais je m'expliquerai comme je le dois, fur ma prétendue inaction, qui, fuivant le Rapporteur, n'a pu être ftimulée que par la crainte d'un décret de deftitution, & fur mon entrée en Savoye, qui fuivant lui,

auroit dû avoir lieu le 15 Août , & ne s'est effectuée
que le 23 Septembre.

Du moment où il a existé un Conseil Exécutif pro-
visoire au mois d'Août , ses régistres doivent contenir la
preuve que pour la premiere fois on pensoit à l'attaque
de la Savoye , & que je fus autorisé à faire les préparatifs de cette expédition. Ils étoient fort avancés lorsque
le 1er Septembre, le Ministre de la guerre m'envoya un
courier tout exprès pour m'apporter au nom du Conseil ,
l'ordre de cesser tout préparatif, d'envoyer dix bataillons vers Fontainebleau , & de me renfermer dans la
plus stricte défensive , le Conseil ayant arrêté de ne
former aucune entreprise , tant que la République seroit
dans le danger où la mettoit l'invasion des armées Prus-
sienne & Autrichienne. Ce courier m'arriva le 4 à Ces-
sieux. Je répondis sur le champ par l'envoi des bataillons qui m'étoient demandés, & par des représentations
très-vives sur l'avantage que la République Françoise
trouveroit à l'exécution du plan que j'avois formé ; plan
qui étoit mur , & dont le succès ne me paroissoit pas
douteux. J'en envoyai le détail au Ministre ; j'y joignis
l'ordre de marche déjà préparé ; je le priai d'observer
que le succès de cette opération rendroit aux armées
du Nord , ou à la défense des Pirenées , la moitié des
troupes qui étoient employées sur les Alpes , qu'il rele-
veroit la considération de la France , qu'il balanceroit
les pertes que nous faisions alors tous les jours au Nord,
& que peut-être il opéreroit une diversion utile. Cette
dépêche arriva à Paris le 7 Septembre, & le 8, M.

Servan m'écrivit une lettre dont l'original eſt dans **mes** papiers. Il me mandoit qu'il avoit mis 'ma lettre du 4, ſous les yeux du Conſeil, que l'on n'avoit pas cru poſſible qu'en donnant les ſecours que l'on m'avoit demandés, je puſſe encore entreprendre la conquéte de la Savoye; mais que le Conſeil, après avoir pris connoiſſance de mon plan, ſe fioit à l'aſſurance du ſuccès que je lui donnois, & m'accordoit toute liberté pour agir ſuivant le projet que je lui avois communiqué. Je reçus le 11 Septembre cette dépêche du 8; je repris auſſi-tôt les arrangements que j'avois été forcé de ſuſpendre; j'expédiai un courier à M. Anſelme, avec ordre d'attaquer le Comté de Nice; je mis mon armée en marche dès le 14; j'arrivai à Barreau le 20; j'attaquai la nuit du 21 au 22, & c'eſt le 23 que l'on me deſtituoit à la Convention Nationale. Voilà des faits précis, dont les preuves matérielles ſe trouvent certainement dans le porte-feuille du Miniſtre de la guerre, ainſi que dans les cartons de mon ſucceſſeur. Je demande à préſent s'il eſt poſſible de lire ſans indignation, le roman d'un Rapporteur qui évidemment a puiſé ſes aſſertions dans les libelles, que la haine auſſi ſtupide qu'atroce, s'eſt plue à compoſer contre un Citoyen qui n'a ceſſé d'obéir à la volonté Nationale, mais qui dédaigna toujours d'appartenir à aucune faction.

Il réſulte de cette explication, dont je demande l'examen & la preuve, & ſur laquelle au défaut des piéces, je pourrois citer cent témoins, il en réſulte, que les premiers ſuccès de la France, ces ſuccès qu'aucun deuil n'a empoifonnés, qu'aucun excès n'a flétris, ne font dûs qu'à moi feul, à l'évidence de mes raifons, à la fageffe de mes plans, & à la fermeté de mon caractere; il en réfulte, que les lâches détracteurs qui m'en veulent ravir la gloire, font obligés de récourir aux plus groffiers & aux plus impudens menfonges.

Sixieme grief du Rapporteur.

Il a dilapidé les finances par plu- fieurs marchés.

Il me feroit difficile de répondre à ce chef d'accufa- tion & même de le comprendre, fi des fragmens du rapport de M. Cambon, ne m'avoient appris que l'on avoit voulu m'impliquer dans l'affaire de M. Vincens.

La veille de mon évafion j'avois eu la douleur de faire exécuter l'ordre de l'arreftation de M. Vincens. Jamais l'obéiffance paffive n'a été plus méritoire, car jamais on n'a été plus perfuadé que je le fuis, de fon irréfragable probité : le premier des marchés qu'on lui reproche eft inférieur au prix accordé par écrit à l'en- trepreneur, par trois Commiffaires de l'Affemblée Na- tionale, revétus à l'armée de tous les pouvoirs. Le fe- cond n'a eu lieu, que par la néceffité d'obéir à un décret de l'Affemblée Nationale & de réparer l'inconcevable négligence du Pouvoir Exécutif. Le troifieme m'eft in- connu, parce qu'étant fait pour une dépenfe ordinaire, il n'avoit pas befoin de mon autorifation. Mais j'en juge fans le connoître, & par l'honnéteté bien certaine du

Commiſſaire-général qui l'a reçu, & par le peu d'em-
preſſ.ment que témoigne à le remplir, celui au profit
de qui il eſt paſſé. Ces trois marchés ſont jugés nuls &
frauduleux, ſans qu'aucun des accuſés ait été entendu.
Nuls ? c'eſt poſſible ; il ne faut pour cela qu'une grande
autorité : mais frauduleux ! L'autorité n'y peut rien, il
faut des preuves, il faut une inſtruction, & il n'y en a
pas eu. Mais fuſſent-ils tels qu'on les a jugés d'avance,
qu'a de commun le Général, avec le prix des marchés à
la confection deſquels la loi ne l'appele pas, & qu'il ne
viſe qu'en raiſon des formes établies par la tréſorerie
Nationale, pour conſtater qu'il n'a pas été fait de dé-
penſes extraordinaires, ſans l'ordre du Général & par
conſéquent ſans néceſſité ?

Je déclare donc formellement que je n'ai aſſiſté à
aucun marché ; que je n'en ai vu aucun ; que la Loi ne
confie pas ce ſoin aux Généraux ; que leurs autres obli-
gations les en éloignent inévitablement ; & j'atteſte que
j'ai mille preuves de la ſcrupuleuſe probité de M. Vincens, de ſa rare intelligence & de ſon zele infatigable.
Mon témoignage, ſans doute, eſt devenu bien foible :
mais c'eſt du moins une dette que je paye à la vertu.
J'arrive au véritable motif, ou du moins à l'occaſion
du Décret lancé contre moi ; je n'en ai parcouru juſques à préſent que les préliminaires, & en effet, dès
que l'on a pu écouter avec quelque confiance ce long
tiſſu d'impoſtures, dès que perſonne dans ce nombreux
auditoire, n'a voulu ni pu rechercher la vérité, dès que
tous les Miniſtres témoins néceſſaires de tous les faits

que je viens de rappeler ont été affez lâches pour fe
taire, il me paroît tout fimple qu'après un tel préambule entendu fans réclamation, on foit arrivé au moment des conclufions du Rapporteur avec les préjugés
les plus défavorables. Mais examinons les piéces à la
main, ce principal chef d'accufation.

Septieme grief du Rapporteur.

Il a fait une tranfaction honteufe dans
laquelle les intérêts & la' dignité Nationale fe trouvent compromis. Il a
enchaîné devant Geneve la valeur de
nos foldats ; il a terni la gloire du nom
François, en faifant avec quelques
ariftocrates Genevois, une capitulation
qu'une poignée de François avoit refu-
fée à Brunfwick & à fes nombreufes
cohortes.

Voilà bien des paroles injurieufes, fans doute ;
voyons ce que deviendra tout cet échafaudage devant
la vérité.

Il n'étoit point entré dans mon plan de campagne,
de faire aucune autre expédition cette année que celle
de la Savoye : j'avois encore un foin bien important à
remplir, celui de fortifier les paffages de Savoye en
Piémont, foin que l'on m'a forcé de négliger en m'en-
voyant à Geneve. J'étois encore à Chambéry le 4 Octo-

bre , lorfque j'appris que le Confeil Exécutif demandoit le renvoi d'une garnifon de 1600 hommes, dont la République de Geneve venoit de réclamer le fecours des Cantons de Zurich & de Berne. M. Servan m'écrivoit de porter aufli-tôt qu'il feroit poffible des troupes fur Geneve, pour y obtenir de gré ou de force , la fortie de cette garnifon. La majeure partie de mes bataillons pourfuivoit alors les Piémontois dans la Maurienne & dans la Tarantaife. Je n'avois à mon armée, ni mortiers, ni canons de fiége ; je partis cependant pour m'approcher de Geneve , le 5 Octobre , lendemain du jour où j'avois reçu le premier avis du Miniftre , & lorfque j'eus reconnu le local , je donnai les ordres pour faire marcher les troupes dont j'eftimois avoir befoin , & j'envoyai chercher à Grenoble des mortiers & des bombes. Ces divers préparatifs & le tems néceffaire pour l'arrivée des troupes & pour le raffemblement des moyens de fubfiftance exigeoient au moins quinze jours. Nous étions au 6 , je ne pouvois donc fonger à agir avant le 21.

La nuit même de mon arrivée à Carouge , je reçus des Députés de Geneve , & j'eus avec eux une conférence très-longue , dont je rendis compte au Miniftre par un courier expédié le 6. Voici ce que M. le Brun, Miniftre des affaires étrangeres & de la guerre par interim , répondit le 11 à cette premiere lettre du 6, par laquelle , après l'avoir informé de mes premieres mefures , je demandois des ordres & des inftructions pour ma conduite ultérieure.

« Vous infifterez fur la fortie des Suiffes ; elle eft
„ commandée par les traités & par l'intérêt de notre
„ fûreté. Ce point exécuté, Geneve fera rétabli dans
„ fon vrai rapport avec la France , & la fraternité &
„ l'amitié réciproque , régleront dès-lors tout ce que
„ les circonftances rendent néceffaire ".

Je reçus cette lettre le 14, plufieurs jours avant que
je puffe être en état d'exécuter aucun projet d'attaque ;
& affurément cette lettre n'étoit pas menaçante : je n'en
continuai pas moins tous les préparatifs. Le 17 j'en reçus une autre du même Miniftre , M. le Brun , dont je
dois encore citer un paffage très-important ; elle fe
termine ainfi :

« En continuant, Monfieur, à mettre dans votre
„ conduite la fermeté que vous avez déjà montrée , il
„ eft inutile de vous obferver que notre intérêt , celui
„ de Geneve & de tout le Corps Helvétique eft d'éviter
„ la guerre... & qu'ainfi vous n'aurez à ufer des moyens
„ de vigueur , qu'après avoir inutilement épuifé ceux
„ de la prudence & de la perfuafion ".

A cette lettre étoit joint un extrait des régiftres du
Confeil Exécutif provifoire, du 13 Octobre, qui enfuite
de la demande de l'évacuation de Geneve par les troupes Suiffes , contenoit la difpofition fuivante :

« Le Confeil confirme l'affurance pofitive donnée par
„ le Réfident de France aux Syndics & Confeil de Ge-
„ neve, qu'il ne fera porté aucune atteinte à la fûreté
„ des perfonnes & des propriétés, non plus qu'à la
„ liberté & à l'indépendance de la République ; en

„ conféquence de laquelle déclaration , il eft entendu
„ que les troupes Françoifes ne devront entrer, ni dans
„ la ville de Geneve, ni fur fon territoire, dès que l'un
„ & l'autre auront été évacués par les troupes Suiffes".

Je demande à préfent à tout Lecteur impartial, fi de
femblables inftructions me permettoient de concevoir
un plan réel d'attaque fur Geneve, dès-lors que la
fortie des Suiffes feroit confentie fuivant la demande
& les réquifitions expreffes du Confeil Exécutif ?

On doit obferver que, ces difpofitions pacifiques
exprimées en termes non équivoques, fembloient deve-
nir plus pofitives à mefure que mes moyens de force
s'accumuloient. La faifon étoit fort pluvieufe, le ter-
rein des environs de Geneve eft fort humide ; il m'étoit
douloureux de voir à quel point les troupes fouffroient
dans un camp déteftable & dans des marches pénibles,
tandis que leur inutilité me fembloit tous les jours plus
certaine & plus démontrée. Enfin s'il me fut refté un
feul doute, auroit-il pu fubfifter après la lettre que ce
même M. le Brun m'écrivit le 19 Octobre ? j'en vais
tranfcrire les principaux articles.

Paris le 19 Octobre, l'an 1er *de la République.*

" J'ai reçu, Monfieur, la lettre que vous m'avez
„ écrite le 13 de ce mois.

„ Vous aurez vu par l'arrêté pris le même jour par
„ le Confeil Exécutif provifoire, & ratifié le 15 par
„ la Convention Nationale, que vos demandes ont été
„ prévenues. Il devoit être dans les intentions comme

„ dans

» dans les principes de la République Françoise , de
» refpecter la neutralité & l'indépendance de Geneve ,
» du moment où fe conformant elle-même aux traités
» qui nous lient refpectivement , elle éloigneroit de fes
» murs les troupes étrangeres qu'elle y avoit appelées
» fans notre participation , & fous des prétextes qui
» nous étoient injurieux.

» Vous êtes donc pleinement autorifé , Monfieur ,
» à déclarer aux Syndics & Confeil de Geneve , que
» vous n'avez l'ordre d'entrer dans cette ville & fur
» fon territoire que dans la fuppofition où l'on perfif-
» teroit à y conferver les troupes étrangeres que l'on
» y a appelées ; mais que dans le cas contraire vous
» avez à vous abftenir d'y entrer & de donner aucune
» fuite au différent qu'a occafionné l'appel de ces
» troupes.

» Quant aux craintes que l'on pourroit concevoir
» pour l'avenir & au fujet defquelles on pourroit de-
» mander des fûretés , la modération dont nous ufons
» dans la circonftance préfente , & les principes que
» profeffe la République Françoife , fuffiroient fans
» doute pour les bannir. Mais le traité de 1782 , ren-
» fermant des difpofitions contraires à ces principes ,
» il étoit de la juftice & de la dignité Françoife de ne
» pas laiffer fubfifter un pacte dicté par la tyrannie :
» il vient d'être abrogé formellement par un Décret
» de la Convention Nationale , rendu le 17 de ce mois.
» Ainfi, non-feulement nous reconnoiffons l'indépen-
» dance des Genevois , mais nous détruifons encore

„ les armes dont on pourroit fe fervir pour y porter
„ atteinte.

„ D'après ces diverfes difpofitions, Monfieur, je me
„ perfuade qu'il ne vous fera pas difficile de déter-
„ miner Geneve à écarter de fes murs les troupes de
„ Berne & de Zurich qui y font en garnifon.

„ Si cependant malgré ces déclarations.........

„ Mais j'efpère que cette mefure ne fera pas nécef-
„ faire & que vous faurez prévenir & applanir toutes
„ les difficultés que l'on pourroit oppofer au fuccès de
„ notre négociation.

„ La confiance que vous infpirez au Confeil Exécu-
„ tif, l'a déterminé à vous charger d'une autre négo-
„ ciation à entamer immédiatement après que l'affaire
„ de Geneve fera terminée.

„ Vous favez, Monfieur, quelle eft notre pofition
„ actuellement avec le Corps Helvétique. . . . .
„ . . . .
„ Au furplus, Monfieur, le Confeil Exécutif s'en rap-
„ porte à vous, avec une entiere confiance, du choix
„ & des moyens qui vous paroîtront les plus propres
„ à remplir l'objet que nous avons en vue, celui de
„ de nous replacer à l'égard du Corps Helvétique dans
„ notre ancienne pofition ".

Le Miniftre des affaires étrangeres,

LE BRUN.

Me dira-t-on encore que j'ai enchaîné la valeur des
foldats, que j'ai terni la gloire de nos armes, que je

devois foudroyer Geneve, au lieu de traiter avec les Syndics & Confeil de cette République? Enfin, me foutiendra-t-on encore qu'il s'agiffoit d'une capitulation?

Je devois demander la fortie des Suiffes, & ce point exécuté, la fraternité & l'amitié devoient renaître.

Ayant obtenu la fortie des Suiffes, je devois m'abftenir d'entrer ni dans Geneve ni fur fon territoire.

Je devois reconnoître fon indépendance, & par conféquent traiter avec cette République comme avec un Etat libre. Les ordres dont j'étois porteur, me plaçoient vis-à-vis des Syndics & Confeil de Geneve. Qu'ils fuffent Ariftocrates ou qu'ils ne le fuffent pas, je ne pouvois me difpenfer de traiter avec eux.

Un traité femblable n'eft point une capitulation, il ne s'agiffoit ni de prendre ni de rendre Geneve; ainfi le mot *capitulation*, eft auffi ridicule ici, que la comparaifon de Brunfwick eft déplacée.

En me reprochant d'avoir traité *avec quelques Ariftocrates Genevois*, le Rapporteur ne voudroit-il point auffi m'imputer, comme M. Claviere, de m'être laiffé tromper par eux, & de leur avoir facrifié pour toujours, la Révolution à laquelle je pouvois, difoit-on, les forcer en faveur de l'égalité politique? Mais outre que ce n'étoit point là l'objet de ma miffion, je ne tardai pas à me convaincre qu'une pareille révolution étoit inévitable, & qu'elle ne peut même point tarder, puifque tous les Genevois influens, le fentent & s'y préparent. J'eus foin d'en informer M. Claviere, qui fembloit fe défier de l'attrait de nos principes, & je penfe les avoir appréciés

mieux que lui, en me repofant pour leur prochain triomphe dans Geneve, fur l'empire de la raifon, qu'en ac-
célérant & en fouillant ce triomphe par les intrigues,
les baffes menées, & les agitations, que m'indiquoit ce
Miniftre.

On vient de voir à quel point le Confeil Exécutif
me témoignoit de confiance le 19 Octobre. Je ne con-
noiffois point du tout M. le Brun ; je ne pouvois donc
devoir cette confiance qu'à ma correfpondance & à mes
principes, je n'en ai pas changé dans tout le cours de
cette affaire : fi j'ai eu tort à la fin, j'ai eu le même
tort au commencement, & j'en trouve la preuve dans
toutes mes lettres antérieures à la marque d'eftime que
le Confeil me donne le 19. Dans la premiere de toutes,
écrite de Chambéry, je mandois à M. Servan qu'une
entreprife fur Geneve feroit toujours embarraffante à
motiver, que fa juftice ne paroîtroit jamais exacte, ni
conféquente à nos principes. Le 6, en rendant compte
de ma premiere entrevue avec les Députés de Geneve,
dès le lendemain de mon arrivée à Carouge, je mandois au Miniftre qu'il pouvoit me défavouer, d'autant
mieux que j'avois affirmé que j'étois fans miffion ; mais
que j'avois affuré que fi la garnifon Suiffe fe retiroit de
Geneve, l'intention de la France n'étoit point d'y faire
entrer fes troupes. — Le 13, je mandois à M. le Brun
que l'introduction d'une garnifon Françoife dans Geneve
me paroiffoit directement contraire aux traités dont
nous reclamions l'exécution ; que nous ne pourrions
invoquer en notre faveur que la convenance & par

conféquent le droit du plus fort : qu'en demandant la fortie des Suiffes, j'avois toujours déclaré que fi nous l'obtenions de bon gré, nous n'entendions pas mettre de garnifon dans Geneve ; que ce langage me paroiffoit le feul que la juftice avouât, le feul qui convint aux principes de modération que la France n'avoit ceffé de profeffer.

Tels étoient les feuls titres que j'euffe à la confidé-ration & à la confiance, que me témoignoient le 19 Octobre le Miniftre des affaires étrangeres & le Confeil. Pouvois-je penfer qu'en fuivant la même ligne je per-drois fi promptement l'une & l'autre, & que je donne-rois lieu à tant de calomnies ?

Voyons donc, enfin, ce que ce traité en lui-même a de fi honteux. On a pu juger par le ton des lettres du Miniftre des affaires étrangeres, quel devoit être celui de la négociation.

Fermeté pour obtenir l'acte de déférence exigé par le Confeil, enfuite fraternité, amitié, juftice ; ce qui loin d'y être contraire, s'affocie à merveille avec la vraie dignité. C'étoit pour la premiere fois qu'un Ci-toyen François traitoit au nom de la Nation qui avoit proclamé les droits de l'homme & le grand principe de l'égalité politique. Je penfois qu'il étoit beau de montrer cette grande Nation refpectant dans la prati-que les principes de la théorie, & traitant d'égal à égal avec un Corps politique fon égal en droits, bien que fon inférieur en puiffance.

Je crus honorer ma patrie en expofant fa doctrine

de juftice & de modération dans le préambule de l'acte, & en établiffant une exacte réciprocité dans les articles.——— J'accordai un mois pour la fortie des Suiffes, afin de marquer des égards à la Nation Helvétique, avec qui j'allois entamer une négociation importante, & aux yeux de laquelle je voulois effacer, s'il étoit poffible, le mot injurieux d'*expulfion*, employé dans les premieres réquifitions.

Le Rapporteur trouve toutes ces difpofitions, déshonorantes pour la France; il trouve qu'en fignant cette tranfaction, j'ai compromis la dignité Nationale. Qu'un courtifan de la Cour de Louis XIV m'eut fait ce reproche, je l'entendrois à merveille, & cela prouveroit feulement que le mot *dignité* n'auroit pas la même acception dans fa langue & dans la mienne. Mais qu'un Républicain admette deux manicres de traiter, l'une vis-à-vis les forts, l'autre vis-à-vis les foibles, & qu'il réferve pour ces derniers, le ton de la fupériorité, voilà ce que je n'entendrai jamais, & je le confeffe, ma politique eft en fens inverfe de la fienne.

On me reproche d'avoir ftipulé la retraite des troupes & celle de la groffe artillerie. Mais il falloit bien un terme à notre appareil menaçant, & ce terme étoit fixé par toutes les décifions de la Convention Nationale & du Confeil Exécutif, à l'époque de la fortie des Suiffes. Falloit-il continuer de menacer, après avoir obtenu tout ce que nous avions demandé? Je ne vois à cela ni grandeur ni utilité. J'avois, il eft vrai, ftipulé cette retraite d'une maniere précife dans la premiere convention , qui portoit, *que mon armée ne laifferoit dans l'efpace de dix lieues autour de Geneve , que les détachemens de troupes, néceffaires au maintien du bon ordre.* C'eft d'après mes propres principes que je m'étois exprimé avec cette précifion.

Le Confeil a défiré que la retraite des troupes fut ftipulée en termes plus généraux. C'eft encore de la vieille Diplomatie ; mais cela n'a pas fouffert la moindre difficulté : le nouvel article porte, *que les troupes Françoifes feront retirées & placées de maniere à ôter tout fujet d'alarme à Geneve.* Le réfultat de cet article fera abfolument femblable au réfultat qu'auroit eu le premier. La tête des cantonnemens du corps d'armée, s'il hiverne en Savoye, ne peut être placée qu'à Annecy & à Rumilly, diftants de dix lieues de Geneve, & cela tient aux localités : ainfi le fens, l'intention & le fait feront femblables d'après la rédaction que le Confeil a blâmée & d'après celle qu'il a approuvée : je ne vois qu'une vraie différence entr'elles, c'eft que la derniere préfente un fens plus vague, & qu'entre deux Puiffances égales en forces, fon interprétation pourroit amener des querelles ; au lieu que la premiere pouvoit être exécutée à la lettre.

J'ai peine à croire qu'il foit déshonorant pour une Puiffance, que fes négociateurs foient clairs dans leurs engagemens, & qu'ils n'employent ni fubtilité ni fubterfuge : j'ai penfé, au contraire, qu'il convenoit à la dignité de la République Françoife, de repouffer ces tournures captieufes & auxiliaires de la mauvaife foi,

& qu'il lui appartenoit d'opérer encore cette révolution dans le ftile diplomatique.

Jufques ici le Rapporteur n'avoit fait que dénaturer tous les faits, confondre toutes les époques, & tirer de majeures fauffes, les plus fauffes conféquences; il termine fon plaidoyer par deux finguliers griefs.

Huitieme grief du Rapporteur.

Il a ufurpé le Pouvoir Législatif, en exécutant le traité avant la ratification.

Je pourrois lui demander d'abord comment on ufurpe le Pouvoir Législatif en exécutant. Mais laiffant de côté cette difpute de mots, je m'attache au fait, que je déments formellement. Je n'ai fait partir pour s'éloigner à la diftance de cinq jours de marche, que quelques gros mortiers, que mon ordre feul avoit fait mouvoir, & que j'étois libre de déplacer fans autre autorité que la mienne. J'avois jugé preffant d'en débarraffer l'armée, afin de pouvoir rendre au fervice de l'artillerie de campagne, les chevaux néceffaires à les reconduire. Pourquoi aurois-je gardé cet appareil de fiége? J'avois obtenu la fortie des Suiffes de gré, je n'avois donc plus à l'obtenir de force. Lorfque j'envoyois le traité à la ratification du Confeil, je ne pouvois avoir de doute fur le fond; fon arrêté du 13ᵉ, ratifié par la Convention Nationale le 15, le Décret de cette même Convention du 17 ratifioit d'avance le traité. Il ne pouvoit y avoir de corrections à défirer que dans le ftile, & il ne falloit ni mortiers ni gros canons, pour réformer une rédaction à laquelle la plus grande bonne foi avoit préfidé de part & d'autre. Mais ceux qui me reprochent d'avoir fait retirer l'artillerie de fiége, n'ont eu garde de dire, que Geneve avoit en même tems fait partir 400 Suiffes de fa garnifon : ils oublient fur-tout un fait bien autrement décifif pour la conduite que j'avois à tenir ; c'eft que le 23 Octobre, lendemain du jour où la premiere convention fut fignée, le même courier qui m'apporta les pouvoirs de traiter avec le Corps Helvétique, apporta au Réfident de France l'ordre de rentrer immédiatement à Geneve & d'y faire la déclaration la plus amicale. Pouvois-je garder une attitude hoftile après une pareille démarche ?

Ou mes inftructions ne fignifioient rien, non plus que le décret du 17 Octobre, ou j'ai dû penfer que la fortie des Suiffes étant confentie, la querelle avec Geneve, non celle de M. Claviere, mais celle de la France, étoit terminée, & en effet un vice de rédaction ne pouvoit rien changer à ce point fondamental de la tranfaction. Le Rapporteur a ignoré fans doute, ou du moins il n'a pas dit, qu'il m'étoit recommandé de terminer promptement ma premiere miffion, afin d'en entamer avec le Corps Helvétique une feconde, bien autrement importante, & dont tout annonçoit le plus heureux fuccès : la confiance devoit en être la bafe, & les procédés généreux le moyen. Depuis quand déshonore-t-on fon pays, en employant de tels auxiliaires ?

Au reste, je n'ai pas fait retirer les troupes : je les ai fait passer seulement des camps où elles souffroient beaucoup, dans des cantonnemens plus sains. Je ne pense pas que ce soit usurper le Pouvoir Législatif.

Neuvieme grief du Rapporteur.

Il a usurpé le Pouvoir Exécutif, en contremandant les troupes qui marchoient vers Geneve par ordre du Conseil.

Je ne peux répondre à cette accusation que par un déni formel. Aucune troupe n'a marché vers Geneve par ordre du Conseil Exécutif ; ainsi je n'ai pu en contremander aucune.

Dixieme grief du Rapporteur.

Le Conseil Exécutif lui ayant demandé une seconde fois des troupes pour renforcer l'armée de Custine, au lieu d'obéir il a licencié les bataillons de Grenadiers qui lui restoient, & par-là compromis la sûreté même de la Savoye.

Le Pouvoir Exécutif ne m'a point demandé ni une premiere ni une seconde fois, des troupes pour renforcer l'armée de Custine : voilà par conséquent un dernier fait aussi complettement apocriphe que tous les autres.

Onzieme grief du Rapporteur.

La seconde convention du 2 Novembre ne vaut pas mieux que l'autre, & Montesquiou y a mis tant de lenteur, qu'il a mis le Conseil dans la nécessité d'y consentir à cause de la saison.

Voici quelle est la lenteur que j'y ai mise : la lettre contenant les observations de M. le Brun sur la premiere convention, est du 27 ; je l'ai reçue le 31 ; les Commissaires se sont rassemblés le lendemain premier Novembre, & la nouvelle convention a été signée le 2.

Monsieur Dubois de Crancé avec sa générosité ordinaire, a saisi l'occasion d'ajouter quelques impostures à celles qu'il venoit d'entendre, & que cependant il devoit plus qu'un autre, être en état d'apprécier. Je conçois fort bien, qu'au milieu des acclamations favorables de l'armée que je commandois & des cris de reconnoissance des Savoisiens, il n'ait pas (c'est lui-même qui l'assure) osé élever sa voix contre moi, & qu'il n'ait pû se refuser au plaisir de l'élever sans risque au milieu des clameurs que vomissoit la haine. Ce procédé n'est pas rare & de sa part ne m'intéresse pas. Je me bornerai donc à examiner son opinion.

J'ai, dit-il, organisé mon Etat-major dans le sens de La Fayette. Pourquoi donc a-t-il trompé la Convention Nationale, en lui écrivant de Chambéry que mon Etat-major étoit bon ?

Pourquoi ajoute-t-il que j'avois dû donner des renforts à l'armée de Kellermann ; tandis qu'il eſt impoſſible qu'il ait vu nulle part la trace d'une ſemblable demande ?

Comment peut-il blâmer le parti que j'ai pris de renvoyer dans leurs foyers, les bataillons de Grenadiers dont je n'avois plus beſoin, lui qui le lendemain de mon départ pour Geneve, a été témoin à Chambéry des inconvéniens qu'il y auroit à les garder, lorſque n'étant plus néceſſaires à l'armée, il leur eſt bien permis de ſe rappeler qu'ils ſont néceſſaires à leurs familles ? a-t-il oublié qu'au moment de l'eſpèce d'inſurrection qui eut lieu dans cette ville, il n'oſa pas ſe montrer pour l'appaiſer, & qu'il n'imagina pas de moyen plus expéditif qu'un ordre de départ ? cependant il n'étoit pas en droit de le donner, car ce n'eſt pas pour commander les armées & faire marcher des troupes à l'inſçu des Généraux, que la Convention Nationale envoye des Commiſſaires.

M. Dubois de Crancé cite méchamment le conſeil qu'il prétend m'avoir donné de jetter quelques bombes dans Geneve, pour accélérer la négociation ; il cite plus méchamment encore la réponſe qu'il m'attribue. Sa mémoire l'a mal ſervi, la mienne le ſervira plus mal encore. La vérité eſt que pendant tout le tems que M. Dubois de Crancé a été à mon quartier-général, il n'a ceſſé de tenir les plus mauvais propos en arriere de moi. Tandis que le Conſeil Exécutif me recommandoit d'épuiſer les voyes de conciliation, tandis que je n'avois

encore à ma difpofition que deux mortiers & cent bombes, M. Dubois de Crancé difoit dans la rue que j'aurois
dû brufquer cette affaire, & que j'y mettois beaucoup
de molleffe. Enfin il s'eft conduit à Chambéry & à
Carouge comme il fe conduira par-tout, en homme
dangereux, mais dont la préfomption ne fert heureufement qu'à faire appercevoir plutôt la foibleffe des
moyens. Fatigué de ce qui me revenoit tous les jours
de l'indifcrétion de fes propos, je voulus enfin la veille
de fon départ l'obliger à me parler en face : c'eft là
qu'en préfence de fes Collégues & de quelques Officiers
généraux, j'établis une difcuffion fur les différens partis que l'on pouvoit prendre & fur les inconvéniens
qu'il falloit prévoir. En parlant de bombardement, je
me rappele en effet d'avoir dit, qu'il exiftoit en Europe
quelques villes dont le fort en raifon des rélations de
commerce, intéreffoit l'Europe entiere ; que je regar-
dois Geneve comme une de ces villes, & que la France,
en la bombardant, porteroit peut-être un coup très-
funefte à fa propre capitale.

Je me rappele encore que j'interpellai M. Dubois de
Crancé, pour lui demander ce qu'il feroit à ma place ;
il me répondit qu'*il jetteroit Geneve dans le lac, &
qu'enfuite il inviteroit les Suiffes à venir la repêcher.*
Ce feroit fans doute une très-belle opération ; je ne
fais pas s'il exécuteroit fes plans auffi bien qu'il les
conçoit ; mais je fuis forcé de convenir que fes concep-
tions font au-deffus de ma portée.

Je crois avoir répondu à toutes les allégations qui

m'ont été faites ; mais peut-être voudroit-on jetter quelque doute fur l'authenticité de mes citations ; je rappele ici ma fommation expreffe à tous les Membres du Confeil Exécutif, de démentir, ou d'attefter les faits que je viens d'expofer ; ils ont toutes les piéces originales dans les mains ; ils doivent la vérité à la Nation, ils doivent me confondre fi je fuis un impofteur.

Je ne connois pas celui qui me remplace, mais ainfi que toute la France, je le regarde comme un homme loyal, & je l'interpelle également de déclarer la vérité : il a dans fes mains toutes les lettres des Miniftres, toutes les minutes des miennes ; je ne me fuis réfervé que les originaux de ma correfpondance Miniftérielle, relative à la négociation de Geneve, & je ne l'ai mife en fûreté, que lorfque j'ai été forcé de foupçonner de la mauvaife foi dans un de ceux avec qui j'étois en relation. Mais j'ai laiffé fur mon bureau les copies de cette correfpondance : ainfi, rien ne manque à l'appui des vengeances que j'appele fur moi fi je fuis coupable ; mais que du moins au moment où la liberté règne en France, la vérité n'y perde pas les droits que le defpotifme même n'ofoit difputer à l'évidence.

Et vous Légiflateurs, qui fans doute ne voulez pas fouiller votre honorable caractere par toutes ces petites paffions, l'opprobre des Cours, ne mettez pas votre dignité à foutenir une injuftice & à vous croire infaillibles alors même que l'on vous a trompés. Soyez tranquilles, je ne veux plus me mêler de ma vie des affaires publiques, elles m'ont laiſſé des ſouvenirs trop amers : refuſez - moi le feu & l'air, vous le pouvez ; mais laiſſez - moi l'honneur, vous me le devez ; & le cri de la vertu opprimée, ne peut manquer de ſe faire entendre aux Repréſentans de la généroſité Françoiſe.

Signé A-P. MONTESQUIOU.

LETTRE

De Mr. MONTESQUIOU,

Général de l'armée des Alpes,

à Mr. VERGNIAUX,

Membre du Comité Diplomatique.

Du 7 Novembre 1792.

Vous êtes un homme d'honneur & un excellent Citoyen. C'eſt à ces titres, Citoyen, que je veux vous faire parvenir la vérité que l'on vous déguiſe. Je joue ici un rôle aviliſſant pour la Nation & pour moi, & c'eſt aux paſſions d'un ſeul homme que je vois ſacrifier les plus chers intéréts de la République. Claviere m'é- crivoit auſſi-tôt après mon entrée en Savoye. " J'eſpére „ que vous entrerez bientôt à Geneve : il faut détruire

„ ce nid d'Ariftocrates & y pêcher tous les tréfors que
„ nous y avons enfouïs. " Je ne répondis pas à cette
phrafe de brigands. J'eus quelques jours après l'ordre
de m'approcher de Geneve avec mon armée, pour en
faire fortir de gré ou de force les troupes Suiffes que
les Genevois y avoient appelées. A peine arrivé aux
environs de Geneve, une Députation vint me trouver,
& je ne lui cachai pas l'objet de ma miffion. Je vis
bientôt que notre guerre avec le Roi de Sardaigne ,
n'étoit que le prétexte des précautions dont nous nous
plaignions , & que leur véritable caufe étoit une lettre
de Claviere, à - peu-près femblable à la mienne, qui
avoit couru dans Geneve & qui me fut montrée écrite
de fa main. Il y invitoit fes chers Compatriotes à ne
pas fermer leurs portes aux François , & à les bien re-
cevoir dans leurs murs , s'ils ne vouloient pas qu'ils
les efcaladaffent. Je n'héfitai pas à défavouer un def-
fein femblable , & je déclarai que fi les Suiffes fortoient d'une maniere amicale , je n'avois aucun ordre
pour violer le territoire de la République. La confiance
ne fe rétablit pas en un jour. J'eus le tems d'écrire à
M. le Brun que j'avois cru pouvoir affurer Geneve ,
que les François n'y entreroient pas fi les Suiffes en
fortoient de gré à gré. Il me répondit loyalement que
je pouvois en prendre l'engagement ; je le pris en
effet, & des conférences en règle s'établirent, pour
terminer à l'amiable le différent qui s'étoit élevé. J'y
portai la plus grande bonne foi , & je dois dire qu'on
y répondit avec loyauté , & que la correfpondance de

M.

M. le Brun a toujours indiqué des intentions très droi-
tes : content fans doute, des intentions qu'il trouvoit
dans la mienne, il me donna carte blanche, & je par-
vins à faire prononcer le confentement au renvoi des
Suiffes. Mais l'exiftence de Claviere au Confeil de
France & les preuves de fa haine les inquiétoient toujours. Ils infifterent long-tems pour garder 800 hommes ; je me montrai inébranlable, & la fortie entiere
fut confentie.

Sur ces entrefaites, le Confeil Exécutif fentit que
l'occafion étoit favorable pour amener une réconcilia-
tion fincère avec les Suiffes. Il m'avoit été remis de
leur part, des déclarations très-amicales, que j'avois
fait paffer au Miniftre. J'avois reçu l'ordre exprès,
d'entamer une négociation avec eux dans les termes
les plus affectueux. Je fentis alors qu'il falloit com-
mencer par effacer l'expreffion brutale, d'*expulfion*,
que nos déclarations avoient employées en demandant
leur fortie, & en conféquence, j'accordai un mois pour
leur retraite, parce qu'il me paroiffoit d'ailleurs fort
peu intéreffant qu'ils évacuaffent Geneve un mois plus
tôt ou plus tard. Chargé de rédiger la convention, je
conçus que le premier acte diplomatique de la République Françoife, vis-à-vis de la plus petite République
du monde, devoit porter le cachet de la véritable
grandeur, celui de la modération & de la juftice. Je
m'attachai à écarter toute idée de proportion dans la
taille & dans la force des deux parties contractantes,
& j'élevai, pour ainfi dire, Geneve fur un piédeftal,

pour placer prefque fur la même ligne, deux peuples libres qui avoient des affaires à arranger enfemble. L'accord fut conclu, figné & envoyé, & j'entamai fuivant les ordres que j'avois reçu, la négociation avec les Suiffes. Ma furprife fut grande, lorfque j'appris que des idées, non pas de grandeur, mais de gloriole, avoient amené des critiques fur quelques articles du traité. J'eus ordre d'y propofer des changemens; ils étoient peu importans, les bafes étoient admifes, le préambule approuvé : je n'eus qu'à préfenter les obfervations du Miniftere. J'avois gagné la confiance, on confentit à tous les changemens. Une feule obfervation fournie par M. Claviere, étoit placée en *poft-fcriptum* à la dépêche de M. le Brun. Cette note difoit qu'en 1743, les Suiffes ayant été appelés à Geneve, il avoit été porté une loi, pour que rien ne fut propofé au Confeil Général pendant que les troupes étrangeres y feroient. On demandoit qu'il en fut de même dans cette occafion, parce que, difoit-on, le Confeil de Geneve avoit l'intention d'augmenter fa garnifon. Je fis cette demande. On me répondit en me montrant la loi de 1743, renouvellée le 23 Septembre dernier, avant l'entrée des Suiffes ; il ne me reftoit donc rien de nouveau à conclure, fuivant la recommandation inftante du Miniftre : la convention réformée, fut fignée & envoyée par le Sécretaire de légation du Réfident de France. Il eft bon de vous obferver qu'avec la lettre de M. le Brun, très honnête, très approbative de l'acte prefqu'entier, j'en avois reçu une de Claviere pleine

de reproches, prefque de menaces, critiquant tout ce
que le Confeil approuvoit , & n'annonçant que des
intentions odieufes. Malgré cela, j'efpérois que mon
fecond meffage réuniroit toutes les volontés, & j'avois
fait peu d'attention à des lettres réitérées du Miniftre
de la guerre, qui me recommandoit toujours de faire
les plus grands préparatifs militaires, lettres auxquel-
les je répondois innocemment que ce n'étoit plus la
peine. Enfin , avant-hier , Mr. Geneft, Miniftre de
France en Hollande, m'eft arrivé, porteur d'une nouvelle inftruction , & chargé d'une demande expreffe,
pour que le Confeil Général de Geneve ne puiffe pas
être affemblé avant le départ des Suiffes. Cette demande eft abfurde & inadmiffible. 1°. Nous avons
moins que jamais le droit de la faire, depuis le Décret du 17 Octobre. 2°. Les Suiffes ne peuvent être
renvoyés que par le Confeil Général qui les a appelés.
La ratification ne peut être faite que par lui; ainfi il
eft évident que Claviere, abufant de la bonne foi du
Confeil, fuit fa premiere idée, & veut amener une
rupture en demandant l'impoffible. Il eft évident que
la guerre avec les Suiffes prêts à fe réunir à nous, lu i
eft fort indifférente, pourvu qu'il puiffe faire affommer
quelques *magnifiques* qu'il hait. Je fuis confirmé dans
cette opinion par une nouvelle lettre du 1er Novembre,
que j'ai reçue hier du Miniftre de la guerre, pour me
recommander encore les plus grands préparatifs. Je les
fais ces préparatifs, pour qu'on n'ajoute pas aux calomnies que déja l'on fait circuler fur moi, de nouveaux

griefs. Mais vous qui avez des talens & des vertus, souffrirez-vous que le berceau d'une République qui fixe les yeux de l'univers, soit souillé de tous les vices qui infectoient les Cours ? Souffrirez-vous cette représentation scandaleuse, de la fable du loup & de l'agneau ? Serons-nous plus honorés, plus puissans quand nous aurons écrasé le plus foible de nos voisins, commis une grande injustice, & allumé une nouvelle guerre ? Je vous le demande : cette iniquité que peut-être on vous a déguisée à vous-même, sous un tissu absurde de fables & convertie par Claviere en acte de prudence. Je vous déclare que cette querelle coutera des millions à la France ; que l'armée que j'ai ici déja très-affoiblie par les maladies, y périra toute entière ; qu'au premier coup de canon, les Suisses nous attaqueront ; & que l'année prochaine, il nous faudra ici cent mille hommes au lieu de quinze. Je vous dénonce donc un crime public, & si vous croyez mes récits infidèles ou exagérés, demandez à lire toute ma correspondance, & j'offre d'y joindre dès que vous me le manderez, les lettres originales de la main de Claviere, que je vous ai citées. Vous y verrez la haine indiscrète d'abord, cachée ensuite, puis insidieuse & atroce. Si je peux empêcher le déshonneur de mon pays, en éveillant le zele d'un homme de bien, j'aurois fait une bonne action, & vous celle d'un vrai François. Je meurs de honte, en me voyant l'instrument d'une perfidie que la plupart de ceux qui composent le Conseil ne souffriroient pas, si la vérité leur étoit connue. Je la dépose en vos mains cette vérité, & je fais que je la remets dans des mains dignes d'elle.

Le Général de l'armée des Alpes.

LETTRE

De Mr. MONTESQUIOU

à Mr. GARAT.

Le 7 Novembre 1792.

L'AMBASSADEUR que le Conseil Exécutif a envoyé à Geneve pour m'apprendre mon métier, mon cher & ancien Collégue, ne vous dira peut-être pas combien étoit absurde la mission qu'on lui avoit donnée. Il s'en est tiré en homme d'esprit. Il n'a demandé que ce qui étoit possible, & il l'a obtenu sans difficulté. Mais peut-être essayera-t-on encore d'égarer les résolutions du Conseil dans cette affaire, & mon devoir est de l'éclairer. Si j'y connoissois un plus honnête homme que vous, c'est à lui que j'adresserois la vérité ; mais par cette raison même, c'est à vous que je la remets. Je vous envoye la copie d'une Lettre que j'ai écrite ce matin à Vergniaux : je vous prie de la lire avec attention, & vous verrez si le fourbe que je vous démafque, ne va pas par quelque nouvelle hiſtoire chercher à vous faire partager ſes fureurs. Si je ſuis réduit à l'horrible néceſſité d'en être l'inſtrument, je jure que cette Lettre, que ſon infâme correſpondance avec moi, que ſa perfidie, ſeront connues de l'univers entier. Je ne garde le ſecret que ſi l'injuſtice n'eſt pas conſommée.

Vous que l'Ange de la France a appelé à nos conſeils, oppoſez - vous à l'infamie de marcher ſur les pas des deſpotes. J'invoque ici votre ame républicaine & pure, ne repouſſez pas le cri d'indignation d'un honnête homme ; ſoyez fort de toute la force de votre vertu, & la France ne ſera pas déshonorée par l'exécrable abus de la puiſſance. Je jouis avec délices dans ce moment-ci, du bonheur de pouvoir parler en homme libre, au dépoſitaire de l'autorité publique. J'ai quelquefois uſurpé ce droit lorſqu'il y avoit du riſque à faire. Il m'appartient aujourd'hui, & j'aime à en uſer, vis-à-vis l'homme le plus eſtimable que je connoiſſe.

Recevez, mon cher Collégue, l'aſſurance bien ſincère de mon inviolable attachement.

Le Général de l'armée des Alpes.

www.ingramcontent.com/pod-product-compliance
Ingram Content Group UK Ltd.
Pitfield, Milton Keynes, MK11 3LW, UK
UKHW020025080726

13614UKWH00004B/1560